Älkää sanoko minua äidiksi

Vienalle, Viljalle ja Veralle,

    jotta tietäisitte,
    jotta ymmärtäisitte,
    jotta antaisitte anteeksi,
    ehkä.

Älkää sanoko minua äidiksi

Kristiina Karhu

© 2013 Päivi Vaahtia
Kustantaja: BoD – Books on Demand, Helsinki, Suomi
Valmistaja: BoD – Books on Demand, Norderstedt, Saksa
ISBN: 978-952-286-684-6

Lupaa kysymättä asetuit minuun taloksi
ja kiedoit minut pikkusormesi ympärille
ennen kuin olit peukalonkyntenikään kokoinen.

Luulinko todella, että yhdeksän kuukauden kuluttua helpottaisi?
Ei, vaan kannan sinua sydämelläni, kunnes kuolen
– aikaisemmin en saata kasvaa sinusta irti.

Miten monta iloista hetkeä tuotkaan tullessasi: kun

        hymyilet minulle ensimmäisen kerran,
        otat ensimmäiset askeleesi,
        kutsut minua ensimmäisen kerran äidiksi,
        tuot koulusta patalapun ja äitienpäiväkortin,
        teet minusta mummon

        - minulla on sinussa elämänikäinen seikkailu!

Olet parasta, mitä olen saanut aikaan

- ja silti minun on nöyrryttävä:

        en ole tehnyt,

        olen vain saanut ottaa vastaan.

Oman elämäni
näennäisenä subjektina

synnyn,
  kehityn,
   kypsyn,
    lisäännyn,
     vanhenen
      ja lopulta kuolen,

mutta niin paljon kuin minulle tapahtuukin,
    niin vähästä voin silti itse päättää.

Edes ruumiissani
en ole isäntä,
vaan vaikka kuinka tahtoisin,

että

vatsani sulattaisi vastaanottamansa ravinnon,
sydämeni sysäisi veren vielä kerran virtaamaan suonissani,
haavani kasvaisivat umpeen ja
raskaus kestäisi laskettuun aikaan,

niin en voi määrätä,
                vain toivoa.

Ja vaikka voinkin ehkä itse valita
asuinpaikkani, ammattini
ja työsuhteeni keston,

niin tärkeiden asioiden suhteen
olen sittenkin voimaton:

kuinka kauan sydämeni vielä sykkii, kuinka kauas jalkani kantavat,
kuka kelpuuttaa minut työhön, kuka kumppanikseen,
keneltä saan rakkautta, kenelle saan sitä antaa,

saanko lapsen - ja kauanko saan sen pitää?

pahoinvointia,
pelkoja
ja kipuja -

hetkittäin

tuntuu lähes samantekevältä,

kasvaako sisälläni sikiö vai syöpäkasvain

- kumpikin muuttaa pysyvästi

vartaloni, elämäni ja käsitykseni itsestäni,

eikä kummankaan kohdalla

ole varmuutta siitä,

mitä tulevaisuus lopulta tuo tullessaan

Eivät kaikki naiset,
jotka sattuvat tulemaan raskaiksi

raiskattuina,
rakkaudesta tai
rakkauden nälästä,

suinkaan tahdo tulla äideiksi,

mutta äidinrakkautta
heistä jokaiselta kuitenkin odotetaan.

Miehet pääsevät vähemmällä,
voivat jättää siemenensä
minne mielivät,

mennä menojaan,

olla tietämättä,
olla ulkopuolisten silmissä
ja omissaankin

vaatimuksista vapaat.

yhdellä aktillaan mies voi pysyvästi muuttaa

vartaloni ja tulevaisuuteni,

yhdellä minuutillaan

minun koko loppuelämäni,

sillä raskauden alkamiseen tarvitaan

miehen orgasmi useammin kuin naisen,

mutta rakkautta ja vastuuntuntoa

ei välttämättä laisinkaan

kun nainen huomaa olevansa raskaana
ei hänen ensimmäinen tunteensa välttämättä ole ilo,
vaan huoli:

miten käy hänelle,
kun hän kertoo siitä

lapsensa isälle,
äidilleen,
työnantajalleen,
ystävättärelleen tai
seurakuntansa edustajalle,

jos edes uskaltaa kertoa,

riippuvathan seuraukset myös ajasta ja yhteiskunnasta:

onnitellaanko, tuetaanko,
hylätäänkö, vaaditaanko keskeytystä,
kivitetäänkö ennen tai jälkeen synnytyksen...

Miehelle voi kyllä sanoa,
ettei hänen pitäisi maata tätä naista,

ja naiselle,
ettei hänen tulisi antautua tuolle miehelle,

mutta lapselle älköön koskaan sanottako,

ettei hänen olisi pitänyt syntyä.

Olkoon jokainen raskaus
    häpeättä
yhteisen ilomme aihe,

jokainen odottava äiti
    kateudetta ja katkeruudetta
huolenpitomme kohde

ja jokainen lapsi
    ehdoitta ja lämpimästi

    tervetullut!

tuska raastaa läpi kehon,
kun vauva tarraa ikenillään rikkipureskelemaansa nisään
ja yrittää kiskoa kuivettuneista rinnoista edes pientä helpotusta
oloonsa,

likapyykki haisee siivoamattomassa asunnossa,
jota ei saata kutsua kodiksi,
jossa uupumus sortaisi uneen kesken imetyksen,
ellei hereillä pitäisi tuskan lisäksi kalvava nälkä,
kun ei masentuneena jaksa ravita itseäänkään
saati jakaa vähästään imeväiselle,

vaan nälkääkin kalvavampana suunnattoman suuri suru
hylätyksi tulleen häpeästä ja yksinäisyydestä -

jos jotakin joskus toivoin,
niin en ainakaan tätä
onnettomuutta ja surkeutta,
jossa ei ole häivähdystäkään äitiyden auvosta
eikä onnesta, joka liittää puolisot entistä lujemmin sitein toisiinsa,

vain vakava tietoisuus siitä,
kuinka suuri valta minulla olisi
tärvellä tämä alkanut ihmiselämä,
jos niin tahtoisin ja vaikka en tahtoisikaan -

mutta kaiken pohjalla kuitenkin myös syvä taju siitä,
ettei kukaan rakastaisi tätä lasta
enemmän kuin minä,
ei kiihkeämmin eikä intohimoisemmin,

eikä kenellekään hänen onnensa olisi tärkeämpi
kuin se on minulle,

koskaan

Äitiyskö tekee naisesta
näin haavoittuvaisen ja pelokkaan

vai maalaavatko hormonit piruja seinille?

Tuskin uskallan
ruokaostoksille
lähikauppaan:

suojatielläkin
saattaa jäädä yliajetuksi

tai mitättömään hedelmänkuoreen liukastuttuaan
saada vakavan kallovamman

tai voi tulla
satunnaisen vastaantulijan puukottamaksi...

Onnea tuovan amuletin asemesta
kaulassani riippuu
punakynällä tekstattu lappu:

jos minulle on tapahtunut jotakin pahaa,
niin menkää kiireen vilkkaa meille kotiin -

siellä on keskenään

kolme pientä lasta,

minä niitten ainoa turva.

Rokotuksista ja ruokavalioista
neuvolassa kyllä osataan kertoa,

mutta todellisen hätäni kanssa
jään ymmärrystä vaille ja yksin:

kuinka oppisin rakastamaan lasta,
joka tuntuu vieraalta ja muukalaiselta
niin piirteiltään, väriltään kuin tuoksultaankin,

jonka temperamenttia ja tunnetiloja
en ymmärrä,

jonka tahtoa ja toiveita
en käsitä.

Vaikka sen on synnyttänyt itse,
syntymättä jäi jotakin,

jonka puutetta paikkaa vain velvollisuudentunto,

hyvä piika, mutta erittäin huono emäntä.

lapsi tuli,
mutta ei ollutkaan lahja ja ilon aihe,

vaan kuin vaatimus,
johon pitäisi vastata,

tai kuin syytös:
tällaisen minusta teit

- millainen vääryys
            meitä kumpaakin kohtaan

neuvolassa laadittiin lapselleni kasvuennuste
ja annettiin ohjeita rokotuksista ja ravintolisistä,
mutta ei sanallakaan valmistettu siihen,

että viidentoista vuoden kuluttua
joutuisin istumaan eteisen lattialla
hänen päällään,

jotta hän ei karkaisi
humalaisena talvipakkaseen

paleltumaan hengiltä

Muistan, miltä tuntui,

kun pienelle tyttärelleni tehtiin pahaa.

Nyt on tyttäreni jo aikuinen,

omillaan,
itsenäinen
ja oman tiensä valinnut -

silti on hän yhä
luu minun luistani
ja liha minun lihoistani,

ja jos kuulen,
että häntä kohdellaan kaltoin,

valtaa minut edelleen miesmurhankin mahdollistava raivo.

Sillä vääryyttä,
jonka itse vielä jotenkin jaksan kantaa,
en hänelle suvaitse,
en siedä.

kun aamuisin lähden töihin,
lapset jäävät vielä nukkumaan,

kun tulen illalla kotiin,
ne ovat kavereittensa kanssa,

likaisista astioista ja pöydälle jätetyistä ruoantähteistä
päättelen niitten päivällä käyneen kotona,

unenhorteen läpi kuulen niitten
illalla taas tulevan,
vaikka olenkin liian väsynyt noustakseni katsomaan

vaikka palkkani on pieni,
on se riittävän suuri
nostamaan meidät muutamalla eurolla
toimeentulotukinormien yläpuolelle,

ja vaikka työmatkat ovat pitkät,
on kuitenkin työ, johon mennä,

joten näinä aikoina
on syytä ajatella
olevansa hyväosainen

mutta murehdin silti välillä lapsiani:

lastenkodissa niillä olisi
jälkiruokaa,
viikkorahaa
ja joka päivä läsnä aikuinen, joka välittää,

ehtii välittää,

jaksaakin...

mekaaniseen huolenpitoon
ehkä huonompikin äiti vielä kykenee,

ruoanlaittoon, pyykinpesuun ja siivoamiseen,

ja ostamaan lapsille vaatteet
vaikka omista menoistaan tinkimällä,

mutta vihan kohteena olemista

on vaikea kestää

edes silloin, kun tietää toimineensa oikein,
saati silloin, kun tietää toimineensa väärin

- vaikea on olla murrosikäisen edessä tuomiolla,
         kun tämä arvioi vanhempaansa
            oman pettymyksensä ja elämänkokemuksensa
                                           perusteella,

ja hiljaa toivoa, että edes neljännesvuosisadan kuluttua
ymmärrys lisäisi armahtavaisuutta...

vaikea on kestää
vihan kohteena olemista

kun ei ole sinut
omankaan vihansa kanssa

vaikea olisi kestää kaksinkin,

vielä vaikeampi yksin

elatustukipäivänä

allergialääkettä,
appelsiineja,
jäätelöä
ja kuopukselle uudet urheilukengät

isänrakkauden löytäminen paljon vaikeampaa...

ja sen elatustuenkin
jotkut silti ottaisivat meiltä pois,

vaikka millään rahamäärällä
ei voi korvata sitä,

että lasten elämässä on vain yksi aikuinen
huolehtimassa, neuvomassa,
kuuntelemassa ja lohduttamassa,

vain yksi paikalla vanhempainilloissa
ja viemässä tarvittaessa lääkärin
tai työesteiden sattuessa
ei edes sitä yhtä

ja kuitenkin näistä pitäisi kasvattaa
yhteiskuntakelpoisia
- sitä ne kyllä osaavat vaatia,
  vaikka mitään eivät antaisi
  eivätkä missään auttaisi,
  vaikka se ihan oikeasti
  olisi myös heidän oma etunsa

- tuleehan laiminlyödystä lapsesta
  aikuisena aina vain suurempi
  kulu yhteiskunnalle

onneksi rahan päälle ymmärtävät nekin päättäjät,
joilta puuttuu kyky myötätuntoon ja välittämiseen

Leikkipuistossa

kaksi äitiä,
kaksi lasta ja
kaksi leikki-ikäisen uhmakohtausta:

yksi voimakeinoin nujerrettava ilkimys

                ja

yksi itsenäistyäkseen tukea tarvitseva
kehitystehtävän suorittaja.

Katson kuin peiliin,
mutta tahtoisin hartaasti olla kuin se toinen.

Bussipysäkillä

nuori äiti lohduttaa
lumikokkareeseen kompastunutta lastaan

tiuskimatta -

ja minunkin sisimmässäni läikähtää
hyvä mieli:

sentään on maailmassa rakkauttakin

Olisipa minunkin lapsillani äiti,

joka aina asettuisi
heidän puolelleen

tarvittaessa jopa
heidän omaa äitiään vastaan.

Miten monta kertaa olisin halunnutkaan
tuoda toimeentulotukihakemuksen asemesta
teille lapseni,

että te etsisitte niille kodin,
jossa riittäisi

ruokaa ja rakkautta,
lämpöä ja leluja,
iltasatuja ja suukkosia,
kuria, joka ei alista eikä nöyryytä,

vanhemmuutta kuunnella uhmaikäisen kiukuttelua,
hulluttelumieltä houkutella totisen nuoren naisen sisältä
                                naurava pikkutyttö

- niitten omasta kodista ei enää löydy.

En minä rahasta välitä
enkä osaa itselleni enää muutakaan toivoa.

Mutta lapsilleni pyytäisin

onnea
tai edes mahdollisuutta elää.

Kun illalla

kahden siivoustyöpaikan uuvuttamana,
rahahuolien lannistamana,
juopon miehen pettämänä ja jättämänä,
elämästä enemmän kuin tarpeekseni saaneena

herään nälkäisen pikkulapsen sitkeään nykimiseen,

vaatii lähes yli-inhimillistä ponnistelua
olla lyömättä sitä naamaan,
että se vaikenisi ja jättäisi minut rauhaan.

Mihin voisin viedä turvaan pikkuiseni,
ennen kuin satutan sitä ihan oikeasti,

ja kenelle kehtaisin kertoa,
kuinka lähellä se on jo ollut?

kadehtien katselen
leikkipuistossa ja vanhempainilloissa
toisten lapsia,

joilla on sellainen äiti
kuin lapsella kuuluukin olla:
lempeä, huumorintajuinen ja kannustava

minun lapsillani ei ole äitiä, vaan äidin negaatio,
siis äiti-joka-ei

lohduta lasta, joka loukkaa itsensä leikkiessään,

kuuntele, mitä lapsi haluaisi hänelle kertoa,

puhkea hymyyn nähdessään lapsensa tulevan koulusta,

ota pelokasta lasta viereensä nukkumaan

masennuksen kohmettamat kasvot eivät sula hymyyn,
kangistuneet kädet eivät taivu syleilyyn,
kylmää ja kovaa myös puhe, joka kumpuaa elämänkolhimasta sydämestä

laihana lohtunani tieto siitä,
että lapset eloonjäämistaistelussaan
imevät lämpöä ja rakkautta sieltä,
missä ikinä sitä on tarjolla,

mummilta, kummilta,
hoitotädiltä, opettajalta,
koulusta ja kaverin kotoa -

ja jollakin lailla
saavat elämästä joskus irti enemmän

kuin vain sen, minkä äiti jaksaa antaa

niinhän minäkin kerran

vaikka en tahdo,
vajoan masennukseen kuin suonsilmään
eivätkä voimani riitä ponnistelemaan irti synkästä imusta,
mutta sylistäni kurkotan vielä lasta turvetyynylle,
turvaan,
josko sen joku siitä löytäisi ja ottaisi hoiviinsa,
kun vesi on minut jo peittänyt

kuinka jaksaa huolehtia lapsestaan se,
joka ei jaksa huolehtia edes itsestään,

kuinka ruokkia tätä,
jos ei itsekään jaksa syödä,

kuinka pyytää apua itselleen,
jos ei kykenisi edes hengittämään,
mikäli siihen tarvittaisiin oma halu?

Äitienpäivänä jaetaan sankariäideille kunniamerkkejä
todellisista, oikeutetuista ansioista:

omien ja vieraiden lasten kasvattamisesta
yhteiskunnassa paikkansa löytäneiksi kansalaisiksi,

merkittävästä panoksesta työ- ja yrityselämässä ja

monin tavoin mitattavista saavutuksista järjestötoiminnassa.

Mutta sanopa väärälle miehelle tahtovasi,

niin kohta on tupa täynnä

huolta ja puutetta,
pelkoa ja pettymystä,
ahdistusta ja alakuloa,
oiretta joka lähtöön ja luukulle.

Sankariäideillä ympärillään
kiitollinen koulutuksensa ja kannustuksensa saanut jälkikasvu
ja arvostava yhteiskunta,

meillä toisenlaisilla liuta ammattiauttajia,
joista jokainen on vuorollaan,
virkansa puolesta,
yhteiskunnan varoilla
tuuppinut lapsiamme elämässä eteenpäin.

Heille varmaan kuuluisivat äitienpäiväkahvimmekin.

Älkää sanoko minua äidiksi -

maternité oblige,

äitiys velvoittaa

liikaa.

Sanokaa minua vain naiseksi, jolla on lapsia.

istun päässäni
oikean silmän takana
ohjailemassa kehoani
kuin epäkuntoista nostokurkea:

käsi, jonka pitäisi ojentua
silittämään
lelunsa vahingossa rikkoneen,
pahaa mieltään itkevän
lapsen
hiuksia,

tukistaa

kun saan nostokurjen pysähtymään,
on vahinko jo tapahtunut
ja tapahtunut taltioitu kahdelle kovalevylle,
joilla se säilyy siihen asti, kunnes
viimeinenkin meistä kahdesta on kuollut

äidin kämmenen jälki
pikkulapsen poskella,

pöydällä lasillinen kaatunutta maitoa,

keittiössä itkemässä
äiti ja lapsi

uupunut,
lopen uupunut äiti,
jolle ei olisi pitänyt järjestää tätäkään vähää siivottavaa,

kehittyvä lapsi,
jota ei olisi pitänyt rangaista siitä,
että se halusi opetella toimimaan itse

keittiössä itkemässä
iso ja pieni onneton,

      joita kohtaan
      elämä ei tälläkään kertaa ollut

      oikeudenmukainen

ahdistuneen äidin

pahoinpitelemä pikkuinen,

hädin tuskin kävelemään oppinut,
juuri ja juuri ensimmäiset sanansa sopertanut,

tarttuu itkusta nikotellen
äitinsä käteen

- ei ole raukalla maailmassa muutakaan turvaa -

ja äidin sydämen läpi käy miekka

lapsi kieltäytyy syömästä
ruokaa, jota tarjoan,

jonka olen vähillä rahoillani ostanut ja
viime voimillani valmistanut,

ja minussa kuohahtaa tunne, jonka nimi on
millä-oikeudella-sinä-kun-en-minäkään-koskaan

ja lusikka kädessäni
muuttuu hoivan välikappaleesta
aseeksi,

jolla survon ruokaa lapseen
väkisin

vielä senkin jälkeen, kun se on jo lakannut hengittämästä

vielä olen saanut
aamun armahtamana
herätä tästä kauhistuttavasta painajaisesta,

mutta pelkään,
että tulee päivä,
jona siitä ei enää voi herätä,

että jonain tulevana päivänä
se ei enää olekaan

vain pahaa unta

Onneksi
ei minun mieheni juo.

Joskus vain
ottaa saunan jälkeen oluen,

mutta väkeviä ei silloinkaan,

tai jos ottaakin,
niin ei kuitenkaan
monena päivänä peräkkäin

eikä ainakaan ole sen takia
töistä pois

edes joka viikko.

Ja jos joskus onkin juovuspäissään
tarttunut minua tukasta kiinni,
niin milloinkaan ei sentään lapsia lyö.

Kerran vain piti
nuorin poika viedä
ommeltavaksi,

kun sen otsaan tuli
vähän suurempi haava.

Mies valitsee ruokajuomaa.
Vaimo jännittää vieressä:

Olutta -
   viinaa -
     humala -
       kapakka -
         väkivalta -
           krapula -

vai vettä ja rauhallinen perheilta?

arkisuudestaan huolimatta

ahdistavin tietämäni ääni:

jääkaapin oven avaamisesta aiheutuvaa
lasipullojen kilahtelua seuraava

              suhahdus

mies ehdottaa
tulevaksi viikonlopuksi
perheristeilyä

hätäisesti lasken
todennäköisyyksiä:

onko ollut paineita töissä,
entäpä yllättäviä laskuja,
onko seksi ollut tyydyttävää viime aikoina,
entäpä ilmapiiri kodissa leppeä,
onko edellisestä retkahduksesta
kulunut aikaa sopivasti vai liikaa -

siis uskallanko ilahtua

vai keksinkö lapsille
muuta ohjelmaa

      varmuuden vuoksi

salailu,
        kiertely,
                kaunistelu -

nuorallatanssin veroista
verbaaliakrobatiaa,

joka lapsetkin oppivat
hämmästyttävän nuorina,

jos kasvuympäristössä vaikuttaa
esimerkiksi henkilö,
joka ei ollenkaan siedä sitä,

että hänen alkoholinkäytöstään
puhutaan.

Kun kuin ohimennen mainitsen sinulle,
että mieheni lähti taas juomaan,

toivon hartaasti sinun kuvitteellisten rivien välistä ymmärtävän,

kuinka suuri hätä minulla on
rahojen riittämättömyydestä ja ruoan loppumisesta,

kuinka yksinäinen ja hylätty olo jälleen kerran,

kuinka suuri mielipaha lasten murheesta ja häpeästä

ja miten valtava pelko siitä,
miten ja milloin mies palaa jälleen kotiin
- kuinka meidän onnettomien silloin käy.

Tätä kaikkea en voi luhistumatta kertoa, en edes ajatella.

Ja vaikka tiedän, ettet mitenkään voi meitä auttaa,
toivoisin silti, että edes ymmärrät,

       ottaisit kädestä kiinni,
       katsoisit silmiin,

       nyökkäisit.

oikealle leskelle

kukkia,
kortteja,
adresseja,

myötätuntoa,
osanottoa,

tukea

alkoholistin vaimo
- elävän miehen leski -

saa lapsineen surra yksin

sillä kun puoliso kuolee,

alkaa suru,

joka kipeydessäänkin
vie sentään elämää eteenpäin

ja väistyy aikanaan

antaen tilaa sopeutumiselle,
antaen tilaa
                elämän jatkua eteenpäin

mutta kun puoliso juo,

surutyö ei pääty koskaan,
ei pääty
                suruaika

Kyllä alkoholistin vaimo rakastaa miestään

ainakin yhtä paljon kuin itseään,
enemmänkin kuin itseään,

itse asiassa niin paljon,
ettei hän itseään enää ehdikään rakastaa.

Onhan hänellä paljon työtä,
kun hän

leipoo ja laittaa ruokaa edullisista tarjoustuotteista,
parsii ja paikkaa ja ompelee lasten vaatteet itse,
tekee kahta työtä selviytyäkseen asuntolainan lyhennyksistä,

siivoaa krapulaisen miehensä oksennuksia,
korjaa tämän tappeluissa repeytyneitä vaatteita,
soittelee tämän esimiehelle selityksiä miehensä lukuisista poissaoloista,

hakee sosiaalivirastosta toimeentulotukea,
kuljettaa lapsia perheneuvolaan,
uusii unilääkereseptejään,

uskottelee miehelleen, että kaikki on vielä hyvin,
uskottelee lapsilleen, että kaikki on kohta hyvin,
haluaa itsekin uskoa siihen, että edes jotain on vielä hyvin

... ja onhan kai se kuitenkin hyvä, että hän rakastaa miestään?

Mieheni monista retkahduksista
liiankin tietoiset ystäväni
ihmettelevät sitä,

kuinka kerran toisensa jälkeen
annan hakoteille sortuneelle puolisolleni mahdollisuuden
palata perheensä pariin,

valmistan joulut ja pääsiäiset,
leivon ja koristelen isänpäiväkakun
ja vielä kerran jaksan yrittää,

että meillä olisi mahdollisuus
kokea perheenä myös onnellisia hetkiä,

niin kuin vaikka se toissakesäinen retki eläintarhaan,
kun mieskin oli mukana
ja jaksoi hullutella lasten kanssa
niin, että lopulta koko perhe nauroi kippurassa,

tai se ainoa äitienpäivä näiden kymmenen vuoden aikana,
kun lapset saivat yhdessä iskän kanssa
valmistella keittiössä ihan oikean äitienpäiväaamiaisen
ja tuoda sen joukolla vuoteeni viereen...

Eivätpä he ole näkemässä sitä ilon tuikahdusta,
joka syttyy tyttärieni silmiin,
kun isä jouluaattona
vastoin kaikkia todennäköisyyksiä
ja monien todeksi nähtyjen pettymysten jälkeen
sittenkin astuu kodin ovesta sisään, selvin päin.

Ja minä kuitenkin haluan, että minun lapsilleni

'isä' ei ole ainakaan kirosana.

Alkoholistin juomista
ei saisi ylläpitää.

Ei saisi

maksaa laskuja hänen puolestaan,
pestä hänen ryvettyneitä vaatteitaan,
varjella häntä vankilaan joutumiselta,
suojella sairastumiselta,
valehdella hänen esimiehelleen hänen puolestaan
eikä varsinkaan olla kotona puhumatta hänen ongelmastaan.

On vain kovin vaikeaa

pitää perheellä asunto,
suojella lapsia huolelta ja häpeältä,
pitää kiinni omista oikeuksistaan ja
pitää kiinni ruumiillisesta koskemattomuudestaan

ja kuitenkin samalla olla huolehtimatta
alkoholistin laiminlyömistä asioista.

Jos et anna rahaa, mies ottaa väkisin.
Jos et anna,
                mies ottaa väkisin.

Millä tavalla
alkoholisti saatetaan vastuuseen omasta elämästään

ilman, että koko perhe kärsii?

Joiltakuilta on perheen vienyt meri,
minulta viina.

Pulloon hukkuivat

isä, veli ja puoliso,

ja avuttomana katson,

kuinka sama syvyys

vetää puoleensa jo lapsianikin.

Pullon voin vielä ottaa heidän käsistään pois,

halua heidän sisimmästään en.

toimeentulotukea myöntämään
tarvittaisiin aina kaksi työntekijää:

toinen tarkistamaan kuitteja ja laskemaan numeroita,
toinen ojentamaan nenäliinaa,
pitämään kädestä kiinni ja sanomaan,

ettei elämä ole kohdellut minua ollenkaan hyvin

moraali on ylellisyyttä

ja periaatteisiinkin on varaa vain sillä,

jolla on varaa myös ruokaan,

siis jonka korvissa ei kaiu

nälkäisten lasten ininä

vaikka virkailija olisi kuinka mukava,
ei hän minulle ole ystävä vaan vihollinen,

jolle en suinkaan kerro pelkkää enkä koko totuutta
(mitään lisäämättä tai mitään pois jättämättä,)

vaan

tarpeen niin vaatiessa
kaunistelen, salailen taikka
vaikka valehtelen vasten hänen kasvojaan

saadakseni sen, mitä katson lapsilleni kuuluvan

en suostu olemaan sellainen nöyrä ja Jumalaa pelkäävä köyhä,
jonka lapsilla on puhtaat, vaikka paikatut vaatteet
ja vähästä kiitollinen mieli

En minä toki köyhyyttä pelkää, vaan kipua,

sitä, miten sormia taas kivistää,
kun täytyy lähteä ulos pakkassäällä ilman käsineitä

ja miten hammasta särkee,
kun ei ole varaa lääkärissäkäyntiin eikä asperiiniin,

ja miten tyhjänä kouristelevaan vatsaan koskee,
kun elimistö paremman ravinnon puuttuessa syö itseään,

ja varsinkin sitä, miten sydäntä vihloo,
kun lähetän aamuisin huonosti puetut lapseni
apeina kouluun kiusattaviksi

köyhyyteen päätymisen
saattaa aikuinen vielä jollakin tavalla ymmärtää,

mutta hyväksyä köyhyyttä

lastensa jokapäiväiseksi arjeksi
ja pysyväksi äidinperinnöksi

ei koskaan

en toivonut,
valinnut,
pyytänyt
enkä ansainnut
osaksemme,

köyhyyttä,

eikä minun mielestäni
tarvitse maksaa kiitollisuudella

niistä murusista, joita meille
rikkaampien pöydiltä putoilee,

kun omasta mielestäni

minunkin lasteni kuuluisi saada
kokonainen limppu
ja leikkeleitä päälle

unilääkkeiden avulla
on ollut helpompaa

odottaa sitä,
mikä näyttää väistämättömältä

unilääkkeiden avulla
enää ei herää öisin,
jolloin kaikki tuntuu synkimmältä,

vaan nukkuu aamuun
ja jaksaa lähteä töihin

sinnittelemään vielä yhden tilivälin

ajatellen, että ehkä hyvinkin ehtii
saada lapset riittävän isoiksi
pärjäämään omillaan

ennen kuin kaikki liikenevä on pantattu tai myyty,
kaikki mahdolliset lainat lainattu,
kaikki oljenkorret käytetty
ja joka kaverille kilautettu

ja koittaa päivä,
jolloin ei enää pysty maksamaan
alkavan kuun vuokraa

unilääkkeiden avulla on helpompaa:

ei tarvitse valvoa öisin miettimässä sitä,

missä nukkuu ensimmäisen yönsä asunnottomana,

missä seuraavat,

ja kuinka monta

48

Ei toimintakykyä vie vasta nälkä
vaan jo nälän pelko.

Voimattomuus alkaa jo silloin,
kun vasta odottaa nälän alkavan
eikä ole keksinyt, miten siltä välttyisi,

ja sen sijaan,
että toimisi kuumeisesti
paetakseen uhkaavaa kärsimystä,

alkaakin säästää energiaa,
jotta se riittäisi mahdollisimman pitkään:
vähentää tekemisiään,
karsii puheitaan,
hidastaa liikkeitään,

kunnes lopulta ei enää
nouse aamulla sängystään,
vaan käpertyy peittonsa alle,

jonne nälkäkin kyllä lopulta löytää.

Mutta vaikka nälän pelko on väkevä voima,
niin vielä väkevämpi on häpeän pelko:

häpeä vaientaa, vaikka pitäisi huutaa apua,
ja lamaa toimintakyvyn,
niin että ihminen kulkee tyhjin kourin ja vatsoin
supermarketissa ruokaröykkiöiden ohitse,

ja häpeä ajaa lopulta ihmisen junan alle,
vaikka jokaisella eliöllä olisi syntymäoikeutenaan
lupa taistella oman ja jälkeläistensä eloonjäämisen puolesta
ja yrittää jäädä henkiin

Nälkä odottaa minua

jauhopussin ja EU-näkkileipäpaketin takana

kärsivällisesti kuin hämähäkki.

Ensi kuussa tai ensi vuonna,

ennemmin tai kunpa edes myöhemmin,

kun ojennan käteni kaappiin,

en enää löydä

lapsille muuta tarjottavaa.

Nykyään on muodikasta
antaa lasten harjoitella päätöksentekoa
jo pieninä.

Niinpä kyselenkin kaksivuotiaaltani,
ostanko hänelle iltapalaksi

maitoa vai leipää,

kun rahani eivät millään riitä
molempiin.

jos lapseni iloitsee
puissa kisailevista oravista,
tunnen minäkin vilpitöntä iloa,

ja jos hän itkee
kompastuessa naarmuuntunutta polveaan,
olen yhtä pahoilla mielin hänen puolestaan.

Mutta mikä olisi oikea ja terve tunne
silloin,
kun lapsellani on nälkä,
mutta minulla ei olekaan hänelle ruokaa?

taksin moottorin hurisee pihalla,

lapset odottavat jo hissiä

kynnyksellä seison vielä
enkä tahtoisi jättää kotia

kirjoja,
leluja,
viherkasveja,

astioita,
huonekaluja,
kodinkoneita,

mummon kutomia mattoja,
lasten kehystettyjä piirustuksia,
valokuvia onnellisemmilta ajoilta...

kun turvakodista palaamme,

mitä lienee
mielensä pahoittaneen miehen jäljiltä
jäljellä,

jaksaisinko rakentaa kodin uudelleen

vielä yhden kerran?

liian moni lapsi

joutuu tänäänkin

kokemaan tosi elämässä sellaisia asioita,

joita meidän muiden lapset

eivät saa

edes katsoa elokuvana

kuin vankileirien saaristo

ovat väkivaltaiset kodit keskuudessamme
hajallaan ympäri maata

aamuisin sieltä pääsee muutamaksi tunniksi
leikkivapauteen
päiväkotiin, kouluun ja työpaikalle,

mutta iltaisin sinne on palattava
sydän läpättäen takaisin
näkymättömiä kahleita kantaen,
näkymättömien kaltereitten taakse,
vaikka mieluummin menisi veneen tai junan alle

onnekkaammilla sentään toivoa vapautumisesta
ensi kuussa, ensi vuonna tai
kahdeksan vuoden kuluttua,

joillakin elinkautinen,
josta presidenttikään ei voi armahtaa.

lainsuojattomina
eli suojattomina ja lain suojaamattomina

elävät väkivallan uhrit
keskuudessamme
tietäen,

että kun laki tulee paikalle
virkavallan muodossa,

on vahinko jo tapahtunut,

eikä oikeus pysty korjaamaan sitä,

mikä vääryys on ehtinyt särkeä

ei ole oikein,

että vauvan on pelättävä äitiään tai
leikki-ikäisen isäänsä,

äidin murrosikäistä tytärtään tai
vaimon miestään,

eläkeläisen aikuista poikaansa tai
isoäidin narkkarilapsenlastaan

eikä ole oikein,

että siitä pelosta
ei voi kertoa kenellekään,

mutta viidentoista minuutin mittainen vierailu
terveyskeskuslääkärin
tai toimeentulotukiviraston asiakasneuvojan
tai kouluterveydenhoitajan

vastaanotolla

ei yksinkertaisesti riitä
rakentamaan sitä turvallisuutta,
jota pelosta kertomiseen tarvitaan

Pelko

istuutuu peikkona
perjantain päivällispöytään,

kapuaa seuraksi
lauantaisaunan lauteille,

herää sunnuntaiaamuna
samasta sängystä

ja maanantain työmatkallakin vielä
muistuttaa:

mies*), joka on kerran lyönyt,

saattaa lyödä uudestaan.

minä viikonpäivänä tahansa.

*) *vaimo/isä/äiti/mummi/eno/isoveli/...*

Lauantai-illan amerikkalaisessa jännityselokuvassa
psykopaatti ahdistelee yksinäistä naista
kiduttaakseen ja tappaakseen
ja aiheuttaa katsojille asiaankuuluvia kauhunväristyksiä
ennen kuin saadaan - ajoissa - kiinni,

kauhuelokuvissahan kuuluu olla onnellinen loppu.

Miten helpottavaa onkaan ohjelman jälkeen sulkea televisio
ja käydä nukkumaan
omassa kodissa, oman turvallisen kumppanin viereen.

Suomalaisessa kodissa myöhään lauantai-iltana
supisuomalainen psykopaatti
aiheuttaa perheelleen ihan aitoja kauhun väristyksiä

viipyessään kapakassa pitkään sen ajan yli,
kun vielä tullaan kotiin
keveässä kekkulissa ja hauskasti huppelissa.

Kotona miettii vaimo vaihtoehtoja:

lähteäkö lasten kanssa valmiiksi naapuriin
vai piilottaako veitset ja näytellä rauhallista koti-iltaa,

kutsuako poliisi paikalle,
vaikka mitään ei vielä ole tapahtunut,
vai uskoako, että naapuri kutsuu sitten, kun...

...siis laittaako lapset nukkumaan
omassa vai turvakodissa?

Vaimo miettii,
pakkaa käsistä putoilevia tavaroita,
säpsähtää jokaista pihalta kuuluvaa ääntä,
varmistaa suu kuivana ja sydän tykyttäen kerran toisensa jälkeen,
että kukkaro ja avain ovat valmiina takin taskussa
ja lapsilla riittävästi lämmintä päällään,

toivoo silti haikeana, ettei kotoa tarvitsisi lähteä.

Jännitysnäytelmä suomalaisessa kodissa,
oikea extreme survival tosi-tv -

toivottavasti onnellinen loppu!

Onneksi kaikkien elämä ei kuitenkaan ole kuin amerikkalaista elokuvaa.

Yksi yrittää valloittaa naisensa kauniilla sanoilla,
toinen teoilla,
kolmas kukkasilla, koruilla ja turkiksilla.

Sinä lupasit vielä enemmän:
elämän minulle, jos jäisin,
ja lapsille kuoleman, jos lähtisin -

kihlat, kahleet lujemmat
kuin lemmenvalat konsanaan.

Pelko

sikisi ahdistuneen miehen uhkailuista,
syntyi ensimmäisestä lyönnistä,

on siitä saakka elänyt
itsenäistä elämäänsä
lupausten ja vakuuttelujen
ulottumattomissa.

Pelon oppimiseen riitti silmänräpäys,
poisoppimiseen eivät jäljellä olevat vuodetkaan.

Kipu laantuu,
mustelmat haalistuvat,

pelko jää.

Mikä on se voima,
joka saa naisen jäämään pahoinpideltäväksi?

Raha?
Seksi?
Ajatus omasta arvottomuudesta?
Vai luja usko siihen,
että eron jälkeen kävisi vielä huonommin?

No, ehkäpä tässä
numerotiedustelun,
osoitepalvelun,
tapaamisoikeuksien ja
ja uhkasakkojen maassakin

on vielä jokin kolkka,
jossa on turvassa

katkeran ja
kostonhimoisen
kumppanin
kyläilyltä,

jos sinne saakka sattuu nimittäin pääsemään.

en minä halua sinulta rahaa
enkä neuvoja,

mutta jos oikeasti tahdot auttaa,
asetu muuriksi
minun ja mieheni väliin,

kun hän seuraavan kerran
kohottaa kätensä

satuttaakseen,

tai vie edes lapset turvaan
näkemästä sitä, mitä tapahtuu

haluttomasti ja haluttomana
laskeudun vuoteelle
kuin uhrialttarille

ja annan ruumiini
ilta illan jälkeen

kourittavaksi ja kopeloitavaksi
ja kivusta huolimatta
sallin sisääni työnnyttävän,

jotta lapseni saisivat edelleen
nimittää tätä asuntoa kodikseen
ja isäkseen tuota miestä,

joka on, on ollut ja on aina oleva
heidän ainoa isänsä

prostituoidut tekevät sitä rahasta,
minä rakkaudesta,

en mieheen,

vaan lapsiin

riittävän monta kertaa keittiön kaapin oveen törmättyäni

opin kaventamaan elinpiiriäni itse:

lakkaan tervehtimästä lapseni parhaan kaverin isää,

en enää hymyile linja-autonkuljettajalle,

tulen töistä päivä päivältä aikaisemmin,

kunnes lopulta jään kokonaan kotiin

ja lopetan hengittämisenkin,

etten vahingossa imisi keuhkoihini ilmaa,

joka on joskus ollut jonkun miehen keuhkoissa

puree hammasta

kestääkseen hiljaa

päähänsä satelevat iskut

jos huutaisi,

herättäisi lapset

saamaan osansa

isän kädestä

kyllä minäkin menisin töihin,
jos pääsisin,

      jos mies väistyisi aamulla
      ulko-oven edestä
      ja antaisi minun mennä,

menisin minäkin töihin,
jos jaksaisin,

      jos miehen ryyppykaverit
      eivät meluaisi meillä illasta aamuun,
      vaan saisin nukkua yöni rauhassa,

menisin töihin,
jos uskaltaisin,

      jos voisin jättää kodin päiväksi vartioimatta
      tarvitsematta pelätä,
      että sieltä viedään tai myydään
      jotain sellaista, mitä ilman
      on hankala tulla toimeen,

menisin,

      jos saisin pitää palkan itselläni,
      enkä joutuisi enää maksamaan
      mieheni juomavelkoja ja sakkoja,

      jos olisin varma,
      ettei mies tule työpaikalleni häiriköimään
      ja nolaamaan minua työyhteisön edessä,

      jos ei tarvitsisi pelätä sitä,
      että lapsilleni tapahtuu jotain pahaa,
      kun olen poissa -

kyllä minäkin niin mielelläni menisin töihin,
jos eläisin jonkun toisen elämää
jonkun toisen mahdollisuuksin

edes kohdussaan olevaa lasta
ei nainen voi suojella

maailman pahuudelta,

ei radioaktiiviselta säteilyltä,
ei istukan kautta kulkeutuvilta
ympäristömyrkyiltä,

ei edes raiskaukselta -

äitinsä kanssa jakaa lapsi
ahdistuksen ja häpeän,
kivun ja kuoleman kauhun,

äitinsä tavoin kuulee tekijän äänen,

synnyttyään ehkä tunnistaakin

"Niin vaikea teitä on lähettää tuonne;
tutut kasvonne on, joka piirre ja juonne -
ken teistäkin vielä hengissä palaa..."*)

Lapset lähtevät
isänsä luokse
viikonloppua viettämään

ja äiti vilkuttaa ovella hymyillen,
vaikka sydän on rinnassa pakahtua:

pysyykö mies tämän viikonlopun selvänä
vai ratkeaako juomaan,

jos juo,

niin sammuuko rauhallisesti
vai raivostuuko jostakin,

jos raivostuu,
niin kolhiiko vain huonekaluja
vai käykö käsiksi lapsiin,

jos käy,
niin tyytyykö lyömään kämmenellä
vai tarttuuko epähuomiossa aseeseen...

Näennäisen sopueron ehtona
yhteishuoltajuus,
jolla väkivaltainen osapuoli
yhä pitää otteessaan,

äidin osana kiirastuli:
joka tapaamisella huoli ja ahdistus siitä,

näkeekö lapsensa seuraavan kerran
dead or alive,
elävinä vai kuolleina?

) Yrjö Jylhä: Niin vaikea - kokoelmasta Kiiratuli

kuka tohtisi sanoa lapselleen,

että hänen oma isänsä,
joka olkapäillä hän on edes joskus saanut iloisena istua,

on uhannut tappaa hänet

- kuinka tohtisi sanoa,
  kun tahtoisi,

että lapsi,
joka haluaa uskoa omista vanhemmistaan hyvää
voidakseen kokea itsekin olevansa hyvä,

yhä ajattelisi isästäänkin hyvää

ja menisi tämän luokse mielellään

tai ainakin pelotta

ainakin niin kauan
kuin viranomaiset meiltä sitä vaativat

niin kuin seiväs

lävisti kipu kerran

lapsen hennon vartalon,
kun vääryys
ensimmäisen kerran
tapahtui

ja niin myös
aikuisen mielen,
kun tämä aikanaan oivalsi,
mitä hänelle kerran oli tehty

Jos lapsen seksuaalinen hyväksikäyttö
olisi niin normaalia
kuin hyväksikäyttäjät
haluavat uskotella,

eivätkö vanhemmat
vaihtaisi siihen liittyviä
kokemuksiaan,
ehdotuksiaan ja

lapsiaankin

samalla huolettomuudella,

kuin
lapsenhoitovinkkejä,
nikkarointivälineitä
ja ruokaohjeita,

kahvipöydässä,
kepeästi
muun keskustelun ohessa?

äiti tappoi lapsensa,

kirkuvat otsikot,

niin kuin ei perhesuhteiden riittävän tarkaksi selvittämiseksi
riittäisi, että kirjoitetaan naisesta

- onhan jokainen nainen väistämättä aina
  synnyttämiensä lasten äiti

ja tapahtuma riittävän huomiotaherättävä
iltapäivämenekin kasvattamiseen
ilman, että teon kauhistuttavuutta ja luonnottomuutta
äitiydellä vielä korostetaan

mieleni tekisi kuitenkin kysyä,
missä oli lapsen isä,
kun tragedia tapahtui

eikö nähnyt? eikö kuullut?
vai eikö lapsi sylissään vain jaksanut juosta
riittävän nopeasti karkuun?

kun on uupunut,

rakkaan lapsen itkussa

ei enää kuule
auttamiseen hellyttävää vetoomusta

vaan
vihaa herättävän vaatimuksen

olla enemmän, jaksaa enemmän, antaa enemmän
kuin oikeasti voisi,

ja samalla syytöksen,
kun ei voi,

syytöksen, jonka kohtuuttomuuden edessä
on kuin nurkkaan ahdistettu rotta,

lapsen itkussa,
jonka pitäisi hellyttää

sitten kun on niin uupunut,

että oman lapsen kuolema

ei enää olisi menetys

vaan vain ylivoimaisen taakan
nostamista pois harteilta,

on korkea aika ottaa apua vastaan

koska sitä on,

koska sitä saa

ja koska se
ehdottomasti ja yksiselitteisesti

on oikein

Jos olisin surmannut lapseni,
en olisi tehnyt sitä vihasta,
vaan rakkaudesta,

vapauttaakseni heidät kokemasta elämää,
joka oman kokemukseni mukaan
oli liian kolkko
kenenkään kestettäväksi,

ja varjellakseni heidät kokemasta sellaista kuolemaa,
jota en heidän osakseen olisi halunnut,

siis armahtaakseni
ja rakkaudesta.

Kaikkienhan on joskus kuitenkin kuoltava,
eivätkä kuolleet enää kärsi,

joten jos olisin surmannut lapseni,
olisin tehnyt sen lempeästi,
tuuditellut heidät hiljaa pois pahasta maailmasta,
säästänyt heidät ottamasta vastaan kuoleman
sellaisena, kuin heidän isänsä olisi sen heille valmistanut.

Mutta jos olisin surmannut lapseni,
en olisi saanut kokea sitä,
minkä nyt tiedän todeksi:

että ihmeitä voi tapahtua
ja elämässä voi sittenkin käydä hyvin.

Jokainen käynti
perheneuvolassa,
nuorisopsykiatrilla,
koulukuraattorin toimistossa,
lastensuojeluviranomaisen vastaanotolla
ja poliisilaitoksella
puhumassa lapseni käytöshäiriöistä,
rikoksista ja päihteidenkäytöstä

niittaa minut entistä lujemmin
huonon vanhemmuuden häpeäpaaluun,
jos ei muiden, niin omissa silmissäni,

ja tämä tuska ja ahdistus on niin ankara,

että tartun vaikka lainvastaiseen vitsaan
saadakseni kuriin lapseni,
kun en muutakaan osaa,

jotta tulisi muutos,
jotta pääsisin tältä syytettyjen penkiltä
ja tästä aina vain raskaammaksi käyvästä syyllisyydestä,
joka painaa minua raskaammin
kuin painaisi oikeuden langettama tuomio
mistään mahdollisesta rikoksesta

Kummallisetkin asiat
siirtyvät kuin huomaamatta
äidiltä tyttärelle,

ellei ymmärrys pura
sukupolvelta toiselle siirtyvää
virhettä.

Sylittelemätön
ei osaa ottaa syliin,

sillä vaikka olisi halu,
ei ole uskallusta,
kun jokin sisimmässä äänekkäästi väittää,
että se ei ole sallittua.

Eikä näitä kieltoja opeteta
sanoin,

vaan ne opitaan kasvoilta ja käsistä:

isän työlääntyneestä ilmeestä
lapsen pyrkiessä polvelle
ja äidin ärtyisästä äänensävystä
pienokaisen haparoidessa otetta hameen helmasta

oppii kieltojakin tehokkaammin,

että läheisyys - sen kaipuu ja sen salliminen -

on tabu, sopimatonta, syntistä
tai muuten vain väärin.

Tärkeää olisi
pitää ehjänä

perhe,

vielä tärkeämpää
pitää ehjänä

jokainen perheenjäsen.

Joskus näistä on,
valitettavasti,
valittava.

onneksi ei perhe ole

valokuva,
        milloinkaan muuttumaton ja
        pysyvästi paikoilleen jähmettynyt

vaan

peli,
        jossa jokainen siirto
        voi vaikuttaa tuleviin käänteisiin

        ja jokaisella
        on mahdollisuus
        tehdä ratkaiseva siirto

        omaksi edukseen,

        ja samalla myös
        koko perheen parhaaksi

Ymmärrä ensiksi vaikka tämä:

ei ole osoitus
sinun arvottomuudestasi,
jos sinua lyödään,

ei todiste viasta
sinussa
vaan lyöjässä.

Sano se siis ensiksi

itsellesi:

minua ei saa lyödä!

Minua ei saa edes hyväillä

väkisin!

Mitä sinulle oikein kuuluu?"

Tarvittiin joku, joka kysyy,

tarvittiin joku, joka uskalsi kuunnella,

jotta pystyin itse kysymään itseltäni,

jotta pystyin itse kuulemaan, mitä vastasin.

ei siihen tarvita
psykiatria,

pappia, poliisia eikä
palokuntaa;

sinä voit määritellä
omat rajasi

ihan itse

jotakin siitä lämmöstä,

josta mummini pikkutyttönä sai nauttia
tuntiessaan oman isoäitinsä siunaavan kosketuksen
hiuksillaan,

välittyy hänen käsiensä kautta
hänen sylissään lepäävälle tyttärelleni

ja saa tämän aikanaan
yhtä lempeästi hellimään
omia lastenlapsiaan:

näin säteilee esiäidin sydänlämpö
aina kahdeksanteen polveen asti

Opeta lapsesi sanomaan EI,
ennen kuin opetat hänet sanomaan kyllä.

Oppikoon hän sanomaan EI
kun ujostuttaa
tai nolottaa
tai hävettää
tai pelottaa
tai sattuu

tai kun häneen kajoaa ihminen, jonka ei pitäisi,
tavalla, jolla ei pitäisi.

Ja kuule häntä myös itse,
kun hän niin sanoo!

Kiitos teille, jotka rakastatte lapsiani,

kiitos teille, joilla on
> *ymmärtävät korvat,*
> *lohduttavat sanat,*
> *ystävälliset kädet,*
> *lämmin syli,*
> *rakkautta myös heille, jotka eivät ole teidän omaa*
> *lihaanne ja vertanne.*

Kiitos teille siitä, että jaatte kanssani vastuun
näiden lasten hyvinvoinnista
- he ovat sittenkin kalleinta, mitä minulla on.

Kiitos siitä, että ette asetu tuomareiksi, kun näette
> *epäonnistumista, väsymystä tai heikkoutta,*
> *vaan jaatte kanssani ilon onnistumisista ja hyvistä hetkistä.*
> *Ilman teidän tukeanne minun olisi paljon vaikeampi jaksaa.*

Kiitos siitä, että saan nähdä lasteni viihtyvän seurassanne,
> *nähdä heidän jäävän luottavaisina hoiviinne,*
> *nähdä heidän tyytyväisinä kertovan päivän tapahtumista*
> *ja kuulla heidän äänestään,*
> *että heillä on ollut kanssanne hyvä olla.*

Kiitos siitä, että teette lasteni elämästä
> *turvallisemman,*
> *tasapainoisemman ja*
> *huolettomamman.*

Tänään tarvitsemme apuanne,
huomenna kenties emme,
mutta ilman tämän päivän tukea emme ehkä jaksaisi huomiseen.
Kiitos teille, jotka kuljette rinnallamme silloin, kun meillä on vaikeaa,
ja kiitos siitä, että kannatte lapsiani silloin, kun en jaksa kantaa heitä itse.

Kiitos teille, jotka kohtelette lapsiani
> *kärsivällisesti ja hienotunteisesti*
> *kunnioittaen heidän rajojaan,*
> *tekemättä heille väkivaltaa.*

Kiitos teille, jotka
> *annatte lapsilleni aikaanne ja huomiotanne,*
> *olette valmiita näkemään vaivaa heidän vuokseen,*
> *teette työtä, että heidän tulevaisuutensa olisi tätä päivää parempi.*

Kiitos siitä, että rakastatte lapsiani.